Gedanken-Wander-Buch

*Dieses Buch wandert nun zu Dir,
es ist ein kleines Geschenk von mir.
Möge es Dir zauberhafte Gedanken schenken,
Dich vom Alltag mal ablenken.
Hat es Dein Herz erfreut,
dann gib es weiter an andere Leut´.
So können sich viele daran erfreu`n,
wir alle dadurch Freude streu`n.*

*Geht das Buch dann auf die Reise,
erfreut es viele Menschen leise.*

*Trägt sich der erste Schenker hinten ein,
so findet ein Gruß zu seinem Heim.*

*Sagst Du Dank dem ersten Schenker,
bekommt er Post aus aller Herren Länder.
Gibst ihm ab von Deinem Glück,
schenkst dadurch auch Freud´ zurück.*

Ich möchte Dir ein Licht der Hoffnung schenken.

Ein Licht, das immer für Dich brennt.
Ein Licht, das Dich wärmt und schützt.
Ein Licht, das Dich tröstet und hält.
Ein Licht, das Dich mit liebevollen Gedanken begleitet.
Ein Licht, das Dich immer wieder lieben lässt.
Ein Licht, das Dich stärkt.
Ein Licht, das Dich nie aufgeben lässt.
Ein Licht, das verzeiht und Frieden bringt.
Ein Licht, das Dir sagt: Du schaffst das.
Ein Licht, das Dir sagt: Jemand denkt an Dich.
Ein Licht, das Dir sagt: Du wirst geliebt.
Ein Licht, das Dir sagt: Du bist nicht allein.

Ich möchte Dir ein Licht der Hoffnung schenken.
Ein Licht, das immer in Deinem Herzen brennt.

*Manchmal fischen wir im Trüben
und erkennen nicht,
dass die Sonne für uns scheint.*

*Wenn es fünf Schritte zurück geht
und wir uns leer fühlen,
ist es schwer, für den Vorwärtsgang zu kämpfen.
Doch positives Denken und der feste Glaube
an einen guten Ausgang gibt uns die Kraft dafür.*

*Wunden heilen,
manchmal braucht es jedoch sehr viel Zeit.*

Baustellen bieten die Möglichkeit etwas zu reparieren.

Es gibt immer eine positive Perspektive, sonst wären es keine Baustellen sondern ein Scherbenhaufen.

Finde den Anfang im Ende.

Ein Feuer wütet und zerstört unvorstellbar.

*Es können aber auch gute Freunde
in solch einer Not
noch enger zusammenhalten.*

*Hältst Du mich,
ohne mich festzuhalten?*

*Bitte halte mich,
ohne mich festzuhalten!*

*Du hältst mich,
ohne mich festzuhalten.*

Das Tragische am Sterben ist nicht der Tod,
sondern es ist die Lücke,
die der Mensch hinterlässt,
den wir so lieben.

Es dauert manchmal lange,
bis ein Herz akzeptiert,
was der Kopf schon lange verstanden hat.

So manche Erinnerung bleibt über Generationen.

Lass die Sonne in Dein Herz.
Sie hilft Dir, so manchen Schmerz zu lindern.

Innere Angst

*Oft fällt es uns schwer zu beschreiben, was in uns vorgeht.
Gefühle, Empfindungen, die wir wahrnehmen,
können wir nicht in Worte kleiden.*

*Es ist das Herz, das mit uns kommuniziert.
Es spricht aber nicht unsere Sprache.*

*Das Herz teilt sich mit durch Gefühle und Empfindungen,
durch inneres Beben und Regen.*

*Irgendwann werden wir dies verstehen,
dann schwindet die Angst, die Unruhe in uns.*

*Dann verbreitet sich Vertrauen und
das Gefühl, gehalten zu werden.*

*Der gefährliche Rand zu dem bodenlosen Abgrund verwandelt
sich in ein farbiges Feld, das uns trägt und festen Boden gibt.*

*Träume wir im Herzen tragen,
beten, dass es wirklich wird.*

*Glaube lässt darauf auch hoffen,
Liebe in uns niemals stirbt.*

Die Rose der Erinnerung

*Wundervolle Farbenpracht,
immer wieder fröhlich lacht.*

*Sie trägt auch Trauer und Tränen,
wird es aber nie laut erwähnen.*

*Sie spürt die Verbindung zwischen den Welten,
und sagt es uns doch nur so selten.*

*Sie ist voller Schönheit,
verblasst doch manchmal mit der Zeit.*

Danke

möchte ich allen sagen, die durch ihr Tun, bewusst oder oft auch unbewusst, mich bei den Gedanken-Wander-Büchern so vielfältig unterstützt haben: Michael, Linda, Pia, Linus, Mechthild, Wolfgang, Kareem, Iris, Helga, Leo, Barbara, Elizabeth, Val, Dougles, Annegret, Mona, Anja, †Volker, Claudia, Berni, Angelika, Kerstin, Katja, Bernhard, Hedwig, Maria, Heinrich, Ola, Inge, Manfred, Christa, Mechthild, Mechthild, Klaus, Stefan, Erica, Josef, Toni, Bianca, Rainer, Monika, Ted, Silvia, Christine, Sani, Lothar, Gertrud, Annette, Sybille, Anno, Felix, Georg, Michaele, Carlo, Sylvia, Alfons, Max,

Christina, Jürgen, Karin, Prabala, Sylvia, Berni, Rita, Dianna, Martina, Heike, Angelika, Silke, Inge, Fritz, Renate, Robert, Eva, Uwe, Willi, Mechthild, Sigrid, Britta, Manuela, Gertrud, † Thomas,

Gertrud, Elmar, Manfred, Andreas, Olaf, Britta, Ludger, Wolfgang, Magdalene, Hildegard, Helmut-Paul, Max, Hannah, Clara, Rita, Tanja, Michael, Niels, Lennart, Simone, Kirsten, Benni, Guido, Martin, Christine, Ludger, Gertrud, Rainer, Stefanja, Michael, Uschi, Manfred, Gode, Alex, Andreas, Hedwig-Maria, †Gregor, Hilke, Ulla, Wolfgang, Elisabeth, Doris, Tschessja, und, ganz wichtig, meine Mama und mein † Papa.
Danke EUCH allen!

Weitere Gedanken-Wander-Bücher, Bücher an denen Du Dich erfreuen kannst und später immer wieder weiter verschenken kannst.

Gedanken–Wander–Buch   Adventskalender

Ein Adventskalender als Buch.
Jeden Tag ein feinsinniger Gedanke,
verbunden mit aussagekräftigen Fotos.

ISBN 978-3-9818277-2-9

Gedanken–Wander–Buch   Freundschaft

Freude und Verbundenheit bringende Texte,
verbunden mit einfühlsamen Fotos.

ISBN 978-3-9818277-0-5

Dieses Gedanken-Wander-Buch wurde zum 1. Mal im Jahr _____ auf Reisen geschickt durch:

Name: _____

Anschrift: _____

PLZ/Ort: _____

Die Angaben erfolgen auf freiwilliger Basis.

Copyright: 2016 Gedanken-Wander-Buch Verlag
Marienstr. 5, 59227 Ahlen, gwbverlag@gmail.com
Es ist nicht gestattet, Fotos oder Texte aus diesem Buch zu kopieren, zu scannen, in PCs oder auf CDs zu speichern, in PCs zu verändern oder einzeln oder zusammen mit anderen Bildvorlagen zu manipulieren. Es sei denn, mit schriftlicher Genehmigung des Verlages.

Texte und Fotos, Gestaltung Cover und Innenteil: Lisa Koch

Druck: Alpina Druck, Innsbruck